PANÉGYRIQUE

DU

BIENHEUREUX J.-B. DE LA SALLE

PANÉGYRIQUE

DU

BIENHEUREUX J.-B. DE LA SALLE

PRONONCÉ

DANS LA CHAPELLE DU PENSIONNAT DES FRÈRES

A POITIERS

LE 16 JUIN 1888

PAR LE R. P. ALVARÈS

DE L'ORDRE DES FRÈRES-PRÊCHEURS

POITIERS

TYPOGRAPHIE PAUL OUDIN

4, RUE DE L'ÉPERON, 4

1888

PANÉGYRIQUE

DU

BIENHEUREUX J.-B. DE LA SALLE

Fidelis servus et prudens quem constituit Dominus super familiam suam, ut det illis cibum in tempore.

Voici le serviteur fidèle et prudent que le Seigneur a établi sur ses enfants pour leur distribuer leur nourriture dans le temps convenable.

(MATTH. XXIV, 45.)

MES TRÈS CHERS FRÈRES,

Tel est le cri d'admiration reconnaissante, par lequel l'Eglise, s'inspirant de l'Evangile, salue dans sa liturgie la mémoire de saint Joseph ; et il est certain que saint Joseph a mérité cette louange dans un degré suréminent par la fidélité inviolable qu'il a mise au service de Marie, par la prudence héroïque qu'il a mise au service de Jésus : prudence et fidélité qui ont fait de lui le dépositaire et l'organe des conseils de Dieu sur la sainte Famille.

Or, ces mêmes paroles me paraissent caractériser merveilleusement la vie et l'œuvre du Bienheureux Jean-Baptiste de la Salle ; et la Providence a tenu à marquer elle-même l'analogie de sa mission avec la mission du saint Patriarche, lorsqu'elle a voulu que la dernière Messe célébrée sur la terre par l'abbé de la Salle fût la Messe du jour de saint Joseph. Il était venu demander à cette chère solitude de Saint-Yon, près de Rouen, le repos nécessité par l'âge et l'état de sa santé ; son regret de ne pouvoir offrir l'auguste Sacrifice devenait plus vif à mesure qu'approchait le jour de la fête ; mais rien ne faisait espérer qu'il dût avoir cette consolation. Le matin du 19 mars, au moment où les Frères et les enfants étaient réunis à la chapelle, on vit entrer un vieillard à cheveux blancs. C'était lui, c'était l'abbé de la Salle ! Saint Joseph, déjà établi le patron de l'Institut, lui avait obtenu, avec un répit momentané de la maladie, la faveur de monter une dernière fois à l'autel du Dieu qui avait réjoui sa jeunesse. Ce fut donc son dernier Sacrifice, comme le dernier flot de la lumière divine et de la grâce dans son âme ; et c'est aussi le rayon qui éclaire toute sa carrière et qui nous montre dans le Bienheureux Jean-Baptiste de la Salle, ce qu'a été éminemment saint Joseph, « le serviteur fidèle et prudent que le Seigneur a établi sur ses enfants pour leur distribuer leur nourriture dans le temps convenable ».

Six années s'étaient à peine écoulées depuis sa mort, et un Pape dominicain, Benoît XIII, donnait à son Institut la consécration canonique ; la Bulle d'approbation renfermait cette phrase célèbre, souvent citée depuis, et qui répond d'avance à une des plus perfides calomnies des ennemis de l'Église. Le Pape déclare approuver une Congrégation « qui a pour but de prévenir les désordres que produit, surtout parmi les pauvres et les ouvriers, l'ignorance, source de tous les maux ».

Mais dans l'approbation donnée à l'œuvre, l'Église ne perdait pas de vue l'ouvrier et le fondateur; et les services rendus par les fils, loin de lui cacher la figure du père, la mettaient à ses yeux dans une lumière plus vive et plus éclatante. Le procès de béatification, inauguré en 1834, était officiellement introduit par le Pape Grégoire XVI en 1840. Le 30 novembre 1873, Pie IX sanctionnait de son autorité pontificale un décret de la Congrégation des Rites accordant le titre de Vénérable à Jean-Baptiste de la Salle. Et enfin, au commencement de cette année, le 19 février, Léon XIII inscrivait Jean-Baptiste de la Salle au catalogue des Bienheureux, et donnait ainsi le signal des hommages publics à sa mémoire dans tout le monde catholique. Maintenant, nous pouvons dire: « Bienheureux de la Salle, priez pour nous ».

C'est que l'Eglise, qui a éminemment le culte du souvenir et le sens de l'opportunité, tient à glorifier, quand l'heure lui semble venue, les héros de la vertu chrétienne. Hier encore et aux portes de ce diocèse, elle exaltait un des plus illustres apôtres des derniers siècles, fondateur d'une Société de missionnaires et de la Congrégation de la Sagesse. Les témoins de ces fêtes de Saint-Laurent-sur-Sèvre nous ont redit avec enthousiasme les émotions de ces grands jours et l'élan recueilli de ces populations de la Vendée. Aujourd'hui, il s'agit, en des fêtes plus modestes et plus intimes, de célébrer les vertus et la gloire d'un contemporain de Grignon de Montfort, comme lui fondateur d'un Institut religieux, comme lui dévoré de zèle pour la gloire de Dieu et le salut des âmes, mais qui a donné à son zèle un but déterminé, une direction précise : l'instruction et l'éducation de l'enfance, particulièrement de l'enfance pauvre par des maîtres chrétiens, formés dans la discipline de la vie religieuse.

Appelé, par une bienveillance dont je sens tout le prix, à l'honneur de louer ce grand homme, c'est aux paroles de mon texte que j'emprunte l'inspiration de mon discours. Ce serviteur fidèle et prudent tout ensemble, établi sur la famille des enfants de Dieu pour leur dispenser le pain de l'éducation chrétienne, c'est bien Jean-Baptiste de la Salle tel qu'il nous apparaît dans le cadre où la Providence l'a placé. Et de fait, mes Frères, Dieu et le peuple, ce furent les deux amours, je dirai les deux passions qui firent battre son cœur ici-bas, et qui demeurent l'explication et la clef de toute son histoire. Fidèle serviteur de Dieu, il a été un serviteur prudent du peuple. Fidélité et prudence héroïques du Bienheureux de la Salle : fidélité en tant qu'il fut un grand serviteur de Dieu, prudence en tant qu'il fut un grand serviteur du peuple : voilà le plan et le partage de ce discours.

I.

Je remarque dans la fidélité du Bienheureux Jean-Baptiste de la Salle ce triple caractère : une prompte et généreuse correspondance à l'appel de Dieu qui le veut prêtre et prêtre instituteur ; un courage intrépide dans la lutte ; une patience toujours égale dans l'épreuve.

I. Il était né d'une famille originaire du Béarn et transplantée par les événements à l'autre bout de la France, dans cette ville de Reims, dont il est impossible de prononcer le nom sans que ce nom éveille dans l'esprit le souvenir du plus grand événement religieux de notre histoire, — le baptême de Clovis et de ses Francs.

Il reçut au baptême le nom de Jean-Baptiste ; et si ses contemporains, comme autrefois ceux du Précurseur, se sont posé la question : « Que pensez-vous que sera cet enfant ? » *quis putas puer iste erit* (1) ? la Providence elle-même s'est chargée de faire la réponse, en plaçant le berceau de cet enfant prédestiné à côté de celui de la France chrétienne, pour nous dire qu'il serait un jour un puissant instrument de régénération et de salut dans notre pays, et qu'il contribuerait pour sa très large part à maintenir, à raviver dans l'âme de la France la grâce de ce baptême qui fit d'elle la Fille aînée de l'Eglise, et d'où lui viennent ses meilleurs instincts, ses aspirations les plus généreuses.

Et par un autre dessein de sa Providence, Dieu le faisait naître dans le milieu et comme dans les splendeurs de ce grand XVIIe siècle, tout rayonnant des merveilles du génie de la France, tout pénétré des grâces de la vie chrétienne, mais qu'allaient suivre des siècles moins heureux, tourmentés par un vent de scepticisme, dans lesquels les classes moyennes d'abord, les classes populaires ensuite, sembleraient trop souvent répudier les traditions chrétiennes de la France. Saint Vincent de Paul était apparu à notre horizon comme le génie de la charité ; M. Olier, comme le restaurateur de l'esprit ecclésiastique. Cet enfant qui venait de naître le 30 avril 1651, et qu'une mère profondé-

(1) Luc. I, 16.

ment chrétienne allait nourrir elle-même, était prédestiné de Dieu à être le père d'un peuple d'instituteurs chargés de dispenser le pain de l'instruction et de l'éducation chrétienne à d'innombrables enfants du peuple.

Il n'est pas rare, quand Dieu veut faire d'un homme, à un titre spécial, l'évangéliste des pauvres et des petits, qu'il le fasse naître dans une condition brillante, et qu'il lui donne, comme un apanage de surcroît, l'illustration du sang. Dieu se plaît à ces contrastes, qui sont de nature à mieux saisir les peuples par l'éclat du sacrifice accompli et le prestige des abaissements volontaires : nous en voyons un exemple mémorable dans l'histoire du Bienheureux Jean-Baptiste de la Salle.

L'on pouvait penser que cet enfant suivrait un jour les traditions de ses aïeux, et qu'il serait l'honneur de la magistrature ou de l'armée. Mais à le voir de près, à voir ses goûts précoces de piété, à entendre ses questions naïves sur les cérémonies dont il était témoin dans la maison de Dieu, on se disait instinctivement : « Cet enfant sera prêtre ; c'est l'autel qui le réclame. » Dieu le voulait prêtre, en effet, et prêtre selon son cœur, parce que le sacerdoce catholique est la source de toute fécondité spirituelle. Et bien que Jean-Baptiste fût l'aîné de sa famille, il se trouva que ses parents furent assez chrétiens pour ne pas contrarier les desseins de Dieu sur son serviteur. De quel lustre incomparable cet enfant a couvert le nom des la Salle !

Comment sa jeune fidélité se traduisit, dès le collège, par l'alliance toujours féconde de la piété et de l'étude ; comment se manifestaient de bonne heure chez lui cette vivacité d'intelligence, cette trempe de caractère, et cet esprit d'initiative qui devaient être dans un fondateur des dispositions si précieuses ; comment enfin éclataient dans sa personne cette affabilité, cette gaieté douce et franche qui devaient lui ouvrir les cœurs des enfants, — je puis l'indiquer à peine, bien que l'on voie dans l'adolescent poindre déjà les destinées de l'homme mûr.

A 15 ans reçu maître-ès-arts, et nommé chanoine de la cathédrale de Reims, il vient à Paris pour y suivre les cours de l'Université, et prendre en Sorbonne les grades de licencié et de docteur. Seulement il éprouve le besoin d'une atmosphère de silence et de piété ; et il demande au séminaire de Saint-Sulpice un asile qui abrite, contre le tumulte et la dissipation de la grande ville, la paix de son travail et la formation de son esprit ecclésiastique. Il devait trouver chez les fils de M. Olier, en outre de ces bienfaits, deux choses précieuses : l'art de faire le catéchisme aux enfants, et un jalon pour ses fondations futures, car c'est la paroisse Saint-Sulpice qui aura les prémices de ses établissements à Paris.

Obligé, par la mort de ses parents et les complications qui en furent la conséquence, de revenir dans sa ville natale, Jean-Baptiste de la Salle se mit sous la conduite d'un saint prêtre, chanoine comme lui, et que Dieu avait incliné par sa grâce du côté de l'éducation de l'enfance : il s'appelait M. Roland. Son nom mérite d'être prononcé dans un éloge du Bienheureux, parce qu'il a été l'instrument dont Dieu s'est servi pour conduire au port de sa volonté Jean-Baptiste de la Salle.

Durant une station de Carême qu'il avait prêchée à Rouen, l'abbé Roland avait fait la connaissance d'un Religieux Minime, le P. Barré, fondateur des Sœurs de la Providence, et celle de Mme de Maillefer, une femme très mondaine dont la conversion avait fait grand bruit dans tout le pays.

Du premier, il avait obtenu la promesse d'un groupe de Religieuses pour diriger à Reims un orphelinat ; et la seconde lui avait fait espérer sa coopération pour une école gratuite de garçons. La fondation de l'orphelinat eut lieu, en effet ; et un jour du mois de juin 1679, au moment où l'abbé de la Salle, devenu, après la mort inopinée de M. Roland, l'héritier de son œuvre et de ses sollicitudes, sortait de cette maison, il vit venir à lui deux voyageurs dont le plus âgé, M. André Niel, portait une lettre de recommandation de Mme de Maillefer. La lettre, comme il fallait s'y attendre, traitait la grande question d'une école gratuite pour les garçons, et sollicitait pour cette œuvre le concours de l'abbé de la Salle. Celui-ci l'offrit généreusement, et comme il fallait éviter à tout prix que l'opinion publique, prématurément mise en éveil, ne suscitât mille obstacles à l'entreprise, il donna aux deux voyageurs l'hospitalité dans sa maison. Il était loin de prévoir qu'il posait la première pierre du nouvel Institut ; mais ce qui n'échappa point à sa clairvoyance, ce furent les difficultés que sa bonne œuvre allait lui susciter, soit du côté de sa famille, soit du côté du monde. Il ne recula point cependant ; serviteur fidèle, il entra sans hésiter dans la voie où le conviait la Providence. Et la première récompense de sa fidélité, ce fut un surcroît de lumière qui lui révéla plus clairement sa vocation de prêtre instituteur et maître d'école.

Attendez-vous dès lors à le voir sacrifier généreusement tout ce qui, de près ou de loin, pourrait faire obstacle à l'appel de Dieu. Ce titre de chanoine qui lui donnait dans le clergé un rang si honorable et d'où rejaillissait sur le nom de sa famille un lustre alors si recherché, il va s'en dessaisir ; et quand on lui proposera de nommer à sa place son propre frère, il refusera ces offres trop bienveillantes. Cette fortune patrimoniale elle-même, qui eût semblé pour la fondation de ses écoles un appoint si précieux, il n'hésite pas à s'en dépouiller en faveur des pauvres, dès qu'il a reconnu qu'un grand acte de renoncement est nécessaire pour faire cesser les hésitations de ses disciples et asseoir dans leurs cœurs le fondement solide de la confiance en Dieu ; et comme le démon le tente ensuite par les incertitudes du lendemain, « eh bien ! lui répond-il dans le secret de son cœur, le pire qui puisse m'arriver sera d'avoir à demander l'aumône ; s'il le faut, nous le ferons. »

Voilà ce que j'appelle, ce que le ciel et la terre appellent un serviteur fidèle : oui, fidèle à l'appel de Dieu ; fidèle par une préparation naturelle et surnaturelle qui le mène à son insu jusqu'au seuil de sa mission ; fidèle à embrasser les conséquences de sa mission , par le sacrifice des honneurs, de la fortune et de la volonté propre. Et, parvenu à ce sommet de la vie d'où l'on embrasse comme d'un coup d'œil les desseins de la Providence, il peut s'écrier : « A Dieu ne plaise que je me glorifie en autre chose qu'en la croix de Notre-Seigneur Jésus-Christ ! Là où est mon trésor, là sera aussi mon cœur ; et mon trésor, c'est la volonté de Dieu, connue et déclarée par des manifestations authentiques. Je dois me dévouer au salut de l'enfance pauvre et abandonnée, par la fondation d'écoles chrétiennes et gratuites. Je consacrerai à cette œuvre et à la formation des maîtres chargés de la perpétuer tout ce que j'ai de forces de santé et de vie. « *Fidelis servus.* »

II. Il est beau, assurément, d'apporter à Jésus-Christ, dans un cœur vierge, le trésor d'un amour fidèle qui s'ouvre généreusement aux inspirations d'en-haut. Il manque cependant à cette fidélité ce qui en fait la perfection et la gloire, tant qu'elle n'a pas connu la lutte et la souffrance. Jean-Baptiste de la Salle les a connues l'une et l'autre ; et son courage dans la lutte, et sa patience dans l'épreuve, voilà ce qui rehausse le prix de sa fidélité et en achève la splendeur.

Que dire de son courage dans la lutte ? Il a rencontré de bonne heure sur son chemin, à l'aurore même de sa vocation, ce monde qui est l'éternel adversaire des serviteurs de Dieu ; car le monde a cherché à le détourner du sanctuaire. Devenu prêtre, le voilà qui puise à longs traits dans la coupe du sacrifice, en même temps que l'amour de Dieu, ce mépris des jugements du monde que Dieu ne manque pas d'inspirer à ses élus, en particulier aux fondateurs.

Certes, il avait besoin de ceindre ses reins pour la lutte ; à peine il a mis la main à l'œuvre, et déjà l'on trouve qu'il déroge à sa condition et qu'il ne fait honneur ni au Chapitre de sa cathédrale, ni au nom de sa famille. Cette maison, dont l'élite de la société de Reims avait coutume de franchir le seuil, quelle idée bizarre d'y installer des maîtres d'école ! Est-ce que, dans le fond, cette idée ne cacherait pas une ambition secrète ? Et cet homme encore jeune, qui tout à coup s'affuble d'un grand chapeau aux larges bords, est-ce qu'il n'aspirerait pas à la gloire de fondateur ? Est-ce qu'en sacrifiant sa prébende de chanoine et son bien patrimonial, il n'a pas voulu tout simplement dresser un piédestal à son ambition ? S'il songeait à se faire trappiste, à se mettre sous la direction de ce fameux abbé de Rancé, que viennent consulter les plus grands personnages de son temps, à la bonne heure ! Cet habit de trappiste n'est pas sans gloire aux yeux du monde ; mais pourquoi cet habit singulier qui va couvrir de ridicule ceux qui le porteront ? Et puis, à vrai dire, est-ce que l'institution de ces écoles était bien nécessaire ? était-elle bien utile ? L'Eglise s'en est bien passée depuis seize siècles ; et, grâce à Dieu, les prêtres zélés, les bons catéchistes ne lui font pas défaut. Sans compter que ces écoles vont causer un grave préjudice aux maîtres laïques, à ceux qu'on appelle les maîtres écrivains et qui vivent de leur profession.

Voilà ce qui se disait, à Reims, dans les meilleures familles de la ville.

Nous avons vu, de nos jours, quelles luttes il a fallu soutenir contre certain monopole, pour conquérir — et encore à titre bien précaire et bien instable — la liberté de l'enseignement chrétien. Sous une autre forme, et dans un autre milieu social, c'était la même question qui se posait, au temps du Bienheureux de la Salle. Et des deux côtés, ces revendications étaient infiniment justes et légitimes ; il était juste qu'à l'approche des crises et des transformations sociales qui approchaient, l'Eglise pourvût plus largement que jamais à l'éducation des enfants pauvres. Mais la justice est, ici-bas, comme une forteresse qui s'emporte d'assaut au prix d'une lutte souvent prolongée et d'efforts souvent héroïques. Au temps du Bienheureux de la Salle, la jalousie, l'intérêt, l'esprit de caste, le point d'honneur en gardaient soigneusement les abords. Heureusement le fidèle serviteur de Dieu avait entendu et compris l'appel que le Saint-Esprit adresse aux âmes généreuses : « Pour le salut de votre âme, prenez la défense de la justice, et combattez jusqu'à la mort » : *pro justitia agonizare pro anima tua, et usque ad mortem certa pro justitia* (1). Et le secret de son courage intrépide, de sa persévérance infatigable à lutter contre tous les obstacles, je le trouve exprimé dans une conversation qui s'échangeait un jour à son sujet entre deux de ses amis : « Priez pour M. de la Salle qui perd l'esprit », disait l'un, un homme trop imbu des pensées et des sentiments du monde. « Vous dites bien, répartit l'autre, mieux inspiré ; il perd véritablement l'esprit, mais c'est l'esprit du monde qu'il perd pour se remplir de l'esprit de Dieu. » Belle et admirable parole ! La face du christianisme serait changée, si on pouvait la dire de tous les chrétiens ; et les luttes de la vie chrétienne se termineraient par des victoires, au lieu d'aboutir, comme il arrive trop souvent, à d'humiliantes défaites.

III. Avec la fidélité et le courage dans la lutte, la fidélité et la patience dans l'épreuve. Quand il mourut en 1719, l'Eglise célébrait la mort de son Époux : c'était le jour du vendredi saint. L'on peut dire que la vie du Bienheureux de la Salle n'a été, comme celle de son Maître, qu'un long martyre et une croix continuelle.

Je ne parle pas des épreuves qui traversèrent de si bonne heure les desseins de sa jeunesse ecclésiastique : mort de sa mère, bientôt suivie de celle de son père ; interruption forcée de ses études à Saint-Sulpice, sollicitudes domestiques qui viennent l'assaillir sans qu'il y soit préparé.

(1) Eccli. iv, 3.

Mais je parle d'épreuves qui durèrent autant que sa vie, et qui l'atteignaient au plus vif de son cœur ; il a pu dire comme saint Paul en parlant de ses fils spirituels ; « Qui est faible sans que je sois faible avec lui ? » *Quis infirmatur et ego non infirmor ?* « Qui est scandalisé sans que je brûle ? » *Quis scandalizatur, et ego non uror* (1) ?

Quis infirmatur et ego non infirmor? Oui, l'infirmité humaine, elle se fait jour, hélas ! dans les plus saintes œuvres. Voilà, dans l'œuvre du Bienheureux de la Salle, les premiers novices qui s'en vont les uns après les autres dès qu'ils se voient assujettis à une règle religieuse. Lui-même il a éprouvé une grande répugnance à vivre avec ces maîtres d'école, une répugnance non moins vive à partager leur nourriture. Plus tard, et à trois reprises différentes, il voit s'élever et se disperser tour à tour le séminaire des maîtres pour la campagne ; ses écoles de Paris sont pillées et fermées par ceux qu'on appelle les maîtres écrivains. De nombreux procès sont intentés aux maisons de l'Institut ; ils sont perdus pour la plupart. Un jour, le Bienheureux s'entend dire qu'on le nourrissait par charité dans la maison, comme un pauvre prêtre qui n'était bon à rien. Et par la calomnie qui allait l'atteindre jusque dans la solitude de la Chartreuse, et par l'injustice souvent triomphante, et par les défections des faux frères, il fallait que la triste histoire de l'infirmité humaine se répercutât en son cœur de père et de supérieur par des coups profonds et douloureux afin qu'il pût dire comme l'Apôtre : « Qui est faible sans que je sois faible avec lui ? » *Quis infirmatur, et ego non infirmor ?*

(1) II Corinth. xi, 29.

L'Apôtre ajoutait, et notre Bienheureux a pu ajouter avec lui : « Qui est scandalisé sans que je brûle? » *Quis scandalizatur et ego non uror?* Il est comme un homme tout consumé par la flamme du zèle. Savez-vous, dans ces afflictions des justes dont on a pu dire qu'elles sont le grand scandale de la raison humaine, savez-vous quelle est l'épreuve que j'appellerai *réservée*, parce qu'elle est la plus délicate ? c'est de voir les représentants de l'autorité, prévenus contre les vrais serviteurs de Dieu, prendre fait et cause contre les hommes et les œuvres qu'ils auraient dû soutenir.

Cette épreuve n'a pas été épargnée au serviteur de Dieu. Certes, il est faux de dire, comme le faisait il y a quelques années un journal libre-penseur, que « le fondateur des Ecoles chrétiennes fut proscrit, ruiné, excommunié par l'Eglise ». Ce qui est vrai , c'est que l'esprit janséniste, qui commençait à se glisser dans l'Eglise de France, a suscité au serviteur de Dieu mille oppositions et mille difficultés. Ce qui est vrai également, c'est que, au lieu de trouver dans quelques prélats et supérieurs ecclésiastiques sympathie et protection, il n'a trouvé que préventions et hostilités ; témoin, cet archevêque de Rouen, cependant pieux et régulier, qui accueillit une accusation de mensonge dirigée contre lui, et qui lui retira les pouvoirs particuliers donnés pour le noviciat de Saint-Yon... Le serviteur de Dieu, était sur son lit de mort quand cette nouvelle lui fut communiquée ; il l'accueillit comme il accueillait toutes les épreuves, avec cette sérénité, cette égalité d'âme dont il ne se départait jamais. « Dieu soit béni! Dieu soit béni ! » disait-il dans ces cruelles circonstances ; ou bien avec le saint homme Job : « Le Seigneur nous avait donné, il nous a retiré : que son saint nom soit béni ! »

Certes, je reconnais bien à ces traits, — correspondance à l'appel de Dieu, courage dans la lutte et patience dans l'épreuve, — je reconnais et vous reconnaissez comme moi, non pas un philanthrope selon le monde, mais un grand serviteur de Dieu, un serviteur fidèle, *fidelis servus.*

Quand un homme a passé quelques-unes des plus belles années de sa vie dans les rangs d'une milice terrestre, on dit de cet homme, obscur ou glorieux, peu importe : « Il a servi » ; et ce mot évoque le souvenir de l'armée et l'image auguste de la patrie. Quand je vois dans une milice supérieure un homme arborer dès sa jeunesse le drapeau du service de Dieu et de l'Eglise, le porter jusqu'au bout à travers les luttes et les épreuves, s'envelopper pour mourir dans ses plis sacrés, laissez-moi la liberté d'admirer cet homme, de le saluer du titre de serviteur fidèle, *fidelis servus ;* laissez-moi la liberté d'acclamer sa royauté spirituelle, car « servir Dieu, c'est régner », selon le mot d'un archevêque dominicain... Oui, cela est vrai du plus humble des serviteurs de Dieu ; cela est vrai deux fois pour ces hommes que Dieu appelle dans son Eglise à la gloire de fonder une famille religieuse. Car ceux-là vont régner sur le temps et sur l'espace, par une conquête pacifique qui portera leur nom et leur influence dans tous les siècles et jusqu'aux extrémités de l'univers. Vous l'allez voir en particulier pour le Bienheureux de la Salle. Quand il mourut, le 7 avril 1719, ce fut un cri unanime dans la population chrétienne de Rouen, et ce cri devançait les hommages de la postérité : « le Saint est mort ! le Saint est mort ! » Non, les Saints ne meurent pas tout entiers ; et celui-ci allait vivre plus que jamais par son œuvre, car il n'a pas été seulement un serviteur fidèle de Dieu, mais un serviteur prudent du peuple ; et ce n'est pas de lui-même qu'il avait assumé cet honneur, qu'il s'était ingéré dans cette fonction ; mais Dieu l'y avait appelé, l'y avait amené peu à peu, par les voies cachées de sa Providence, et c'est bien le Seigneur qui l'établissait sur sa famille, sur la portion choisie de sa famille, l'enfance pauvre et abandonnée : *Fidelis servus et prudens quem constituit Dominus super familiam suam.*

II.

Au moment où s'éteignit le Bienheureux de la Salle, la couronne de France venait de passer sur la tête d'un enfant. Encore perdu dans la foule, mais bientôt célèbre, un jeune homme s'apprêtait, aux applaudissements de son siècle, à jeter au christianisme, pendant cinquante ans, le sarcasme et les éclats de son rire impie : j'ai nommé Voltaire. Un autre, encore un enfant, allait faire appel à tous les sophismes pour édifier, sur les ruines de l'ordre social chrétien, un nouvel ordre social en dehors de l'Evangile : j'ai nommé Jean-Jacques Rousseau.

Eh bien ! savez-vous comment Voltaire envisageait le peuple ? « Le peuple, disait-il, ressemble à des bœufs à qui il faut un aiguillon, un joug et du foin. » — « Ce n'est pas le manœuvre qu'il faut instruire, c'est le bourgeois. » Voilà ce que j'appelle la prudence diabolique, celle qui procède de l'orgueil et qui ne sait que mépriser.

Et Rousseau, savez-vous comment, de son côté, il considérait le peuple? Pour lui, le peuple est tout : toutes ses volontés sont saintes, tous ses actes sont légitimes ; il est souverain, et la source de toute souveraineté ; il est Dieu. J'appelle cela la prudence de la chair, celle qui est habile à assouvir ses appétits en flattant, adulant, exploitant le peuple.

Seigneur! Jésus, en face de cet impie qui méprise le peuple comme une bête de somme, en face de ce sophiste qui exalte le peuple comme un roi et un dieu, suscitez-nous un législateur qui apprenne aux classes populaires leur dignité et leurs devoirs, qui représente pour elles la prudence chrétienne et sacerdotale. *Constitue, Domine, legislatorem super eos, ut sciant gentes quoniam homines sunt* (1).

Ce législateur, le voici : Jean-Baptiste de la Salle. S'il est vrai que la prudence, assise au milieu des temps, comme dit admirablement saint Thomas, collationne ce qui s'est fait et en tire des augures pour l'avenir : *Prudentia cognoscit futura ex præsentibus vel præteritis per quamdam collationem,* il faut ajouter que la prudence de Jean-Baptiste de la Salle a saisi ce qui était la nécessité religieuse et sociale la plus pressante dans les temps qui approchaient : je veux dire, maintenir le christianisme dans le peuple par une éducation chrétienne ; et voici les moyens qu'il a choisis pour cela : « il a donné aux enfants du peuple des *frères*, des *maîtres* et des *sauveurs* ». C'est la triple auréole qu'il a mise sur le front du Frère des Écoles chrétiennes.

I. D'abord, des frères. Cette profession de maître d'école,

(1) Ps. IX, 21.

il s'en faut bien qu'elle fût, au temps du Bienheureux de la Salle, entourée de l'estime et de la considération publiques ; il fallait commencer par la relever du discrédit, par la réhabiliter et l'ennoblir aux yeux du peuple. Le Bienheureux y réussit en la couvrant pour ainsi dire du manteau de noblesse de la vie religieuse.

Aussi bien, les trois vœux qui font l'essence de la vie religieuse prédisposent admirablement à ce ministère de l'éducation. Oui, la pauvreté, qui affranchit des sollicitudes de la richesse ; oui, la chasteté, qui affranchit des préoccupations de la famille ; oui, l'obéissance, qui affranchit des embarras de la volonté propre. Et à ces Religieux, groupés en faisceau par une règle merveilleusement combinée pour atteindre la fin de son Institut, Jean-Baptiste de la Salle donne le nom de Frères. Le Frère n'aura pas les honneurs et les consolations du sacerdoce ; il n'aura pas les pures et délicates jouissances de l'esprit dans l'étude des sciences supérieures. Il ne sera qu'un humble Frère, « le cher Frère », comme dit le peuple chrétien ; mais cette appellation sera pour lui tout un beau programme. Elle lui rappelle qu'il a trouvé une famille plus nombreuse que celle qu'il a quittée ; elle lui rappelle que la charité fraternelle sera l'âme et la vie de son Institut; elle lui rappelle, enfin, qu'il doit aimer en Jésus-Christ ces enfants qui peuplent son école, qu'il doit se dévouer pour eux, à la vie, à la mort. « Toute autre science est dommageable à celui qui n'a pas la science de la bonté » : c'est une parole qui nous arrive de ce même XVIIe siècle qui a vu naître l'Institut des Frères ; et deux siècles écoulés nous montrent éloquemment que le Bienheureux a su leur communiquer cette science, et que la fraternité a justement pénétré leur nom, comme on a dit de Charlemagne que la grandeur a pénétré le sien. *Hæc est vera fraternitas.*

II. Des frères ; j'ai ajouté « des maîtres », c'est le second rayon de leur auréole : ils s'appelleront « Frères des Ecoles ». Ecoutez la formule magnifique de leur vœu spécial : « Je promets et fais vœu de m'unir et de demeurer en société avec les Frères pour tenir ensemble et par association les écoles gratuites en quelque lieu que ce soit, quand même je serais obligé, pour le faire, de demander l'aumône et de vivre de pain seulement ». Quoi ! les enfants de ténèbres s'unissent par une fraternité à rebours, pour distribuer au peuple le pain du mensonge ; et les enfants de lumière ne s'uniraient pas pour lui rompre le pain lumineux de la vérité ? Voici le serviteur prudent qui saura, dans ce temps de disette morale, comme il a donné sa fortune aux pauvres dans un temps de famine, leur distribuer à pleines mains la saine nourriture de l'âme : *ut det illis cibum in tempore.* Oui, la lumière de l'esprit, afin que l'esprit sache se guider dans le dédale des grandes questions qui l'assaillent ; oui, la lumière de la conscience, afin que la conscience n'hésite pas sur le devoir à accomplir. Et que cette lumière ne s'arrête pas sur les sommets de la société, qu'elle descende dans les vallées profondes, qu'elle chasse de partout l'ignorance, « source de tous maux » ; et que les masses populaires elles-mêmes, par une légitime ascension, arrivent à la vérité, qui est le bien de l'intelligence humaine.

L'homme qui a fait cela, l'homme qui a pourvu dans des proportions si considérables à l'instruction du peuple, l'homme qui a, de son vivant même, réalisé le type de toutes les écoles primaires, qui a introduit dans l'enseignement ces deux innovations hardies, — l'enseignement simultané au lieu de l'enseignement personnel, et la substitution de la langue française à la langue latine pour l'instruction primaire, — je dis que cet homme a droit au titre de serviteur du peuple, de libérateur des classes populaires : *Liberabit pauperem a potente* (1). Il y a aussi les chaînes avilissantes de l'ignorance, du vice et des passions. Eh bien ! sans parler au peuple de ses droits, sans faire retentir à tous les échos ce grand nom de liberté qui chatouille si agréablement les oreilles de nos contemporains, Jean-Baptiste de la Salle a plus fait pour la cause de la liberté véritable que tous les libres-penseurs réunis ; il a fait des âmes libres, des intelligences affranchies de l'ignorance et vivant dans la lumière de la vérité, des consciences affranchies du mal et vivant dans la sainteté de la justice. Honneur à lui ! honneur à ce serviteur prudent du peuple, qui n'a ni trompé, ni adulé, ni exploité le peuple, qui l'a instruit, lui a donné la nourriture de l'intelligence : *Servus prudens, quem constituit... ut det illis cibum in tempore.*

III. Enfin, il a donné au peuple des sauveurs, car ses disciples s'appelleront « Frères des Écoles chrétiennes ». C'est la caractéristique de cet enseignement, son titre principal à notre estime et à notre reconnaissance, en même temps qu'à la haine de l'impiété.

Lorsque saint Joseph, averti par l'ange, prenait l'Enfant-Dieu dans ses bras, et courait le cacher dans l'exil,

(1) Ps. LXXI, 12.

il pouvait être proclamé le sauveur d'un Dieu. Et quand cet enfant chrétien que les Pères de l'Église appellent un Dieu en fleur, trouve dans les bras de l'abbé de la Salle et de ses disciples un refuge contre l'Hérode révolutionnaire qui en veut à sa foi et à son innocence, il peut bien dire : « Chers Frères, mes maîtres, vous êtes aussi mes sauveurs! »

Car, vous l'entendez bien, ce qui peut sauver le peuple, ce sont les écoles chrétiennes, c'est-à-dire les écoles où s'affirme librement la divinité de ce Jésus qui est le seul Sauveur ; des écoles où la croix s'offre librement aux regards et à l'adoration de l'enfance ; des écoles où retentisse librement la doctrine chrétienne, — cette doctrine qui nous donne les pensées et la parole de Dieu ; qu'un Dieu a contresignée par ses miracles, par sa vie et par sa mort ; que tant d'apôtres ont prêchée ; pour laquelle tant de martyrs sont morts ; que tant de docteurs ont expliquée en des écrits immortels. Voilà la doctrine dont les Frères se sont fait un titre de noblesse, car ils s'appelleront indistinctement les Frères des Ecoles chrétiennes, et les Frères de la Doctrine chrétienne. Voilà la doctrine qui peut seule sauver le monde, celle que Jésus-Christ a apportée pour tous, non seulement pour les riches, mais pour les pauvres, car il a dit cette parole que personne avant lui n'avait prononcée : « Les pauvres sont évangélisés (1). »

Et il se trouve par surcroît que cette doctrine, qui ouvre à notre esprit l'horizon des vérités éternelles, offre la meilleure et même l'unique solution à ces questions qui préoccupent notre temps : question sociale, question ouvrière,

(1) MATTH., XI, 15.

question des rapports entre l'autorité et la liberté, entre le capital et le travail ; et le patriotisme lui-même y puise sa meilleure sève et ses plus pures inspirations : j'en atteste les champs de bataille de nos dernières guerres. Eh bien! voilà la doctrine dont les Frères des Ecoles sont établis les dispensateurs au profit du peuple. Et savez-vous ce qui, au dernier siècle, quand un vent de scepticisme soufflait des hautes classes de la société, sauva en France la cause de l'éducation populaire chrétienne, ce qui contribua à maintenir le peuple fidèle à ses croyances? Ce fut l'influence exercée par l'enseignement des Frères. Je salue ces humbles et obscurs pionniers de l'éducation chrétienne ; je salue en particulier ce confesseur de la foi, le Frère Martin, qui, avant de tomber sous la guillotine, faisait entendre ces fiers accents devant le tribunal révolutionnaire d'Avignon : « Je suis un instituteur, voué à l'éducation des enfants pauvres. Si vos protestations d'attachement au peuple sont sincères, et si vos principes de fraternité ne sont pas de vaines formules, mes fonctions me justifient et réclament votre gratitude. » La Révolution n'épargna pas ce modeste héros de l'éducation chrétienne, parce que ce qui fait l'essence de l'esprit révolutionnaire, c'est le mépris ; et ce qui fait l'essence de l'éducation chrétienne, c'est le respect.

Et maintenant, qu'est-ce que l'avenir réserve à l'œuvre du Bienheureux de la Salle? Sans doute les nuages menaçants s'amoncellent à l'horizon. Et cependant je ne désespère pas de l'avenir. Je me souviens que Dieu a fait les nations guérissables, et que sa Providence a bien des ressorts, en particulier le temps et la grâce, pour opérer leur salut.

Saint Joseph, — je reviens toujours à lui puisqu'il nous a servi de type et de modèle,— saint Joseph pouvait se croire pour longtemps encore exilé, lorsque l'ange lui apparut de nouveau et lui dit : « Lève-toi ; prends l'Enfant et sa mère, et reviens dans la terre d'Israël ; car ils sont morts, ceux qui en voulaient à la vie de l'enfant » : *Defuncti sunt enim qui quærebant animam pueri* (1). Le temps avait fait un pas ; et ces puissants du jour avaient passé de leurs brillants palais dans le silence et la nuit du tombeau. *Defuncti sunt* ; et l'Enfant de Bethléem vit toujours. *Defuncti sunt* ; et il y aura toujours des enfants chrétiens pour joindre leurs petites mains suppliantes, pour prier notre Père qui est au ciel, pour épeler les leçons du catéchisme. *Defuncti sunt*; et pendant que d'une main il met au tombeau toute hauteur qui s'élève contre Dieu, le temps suscite, de l'autre, et fait refleurir de siècle en siècle les œuvres d'éducation dont l'Eglise a besoin pour accomplir sa mission religieuse et sociale parmi les enfants des hommes.

Et puis, dans le gouvernement des peuples, surtout des peuples chrétiens, la grâce vient au secours du temps ; et les coups de la justice ne vont pas sans les effusions de la miséricorde. Il se peut donc que des jours d'épreuve se lèvent de nouveau pour l'Eglise de France et pour les familles religieuses ; et que Jésus-Christ, après avoir été comme un étranger et un ennemi, soit traité comme un proscrit dans la personne de ses plus fidèles serviteurs. Et alors il ira frapper à la porte d'autres peuples, et s'asseoir au foyer de leur vie nationale, pour y accomplir son œuvre de salut. Mais ces heures d'égarement et de vertige sont

(1) MATTH., II, 20.

bientôt suivies, dans notre histoire, de retours favorables ; et tôt ou tard sonne l'heure du bon sens et de la générosité native de notre race : c'est aussi l'heure de la grâce divine. Eclairé par ce bon sens et touché de cette générosité, surtout éclairé et touché par cette grâce dont il a reçu tant d'illustres témoignages, le peuple verra bien que, dans l'écroulement de toutes les choses humaines, l'Eglise reste toujours debout, jeune, féconde, et produisant des saints. On lui a tant dit, à ce peuple, que l'Eglise aime l'ignorance, est fautrice d'ignorance ! Il verra bien que nul n'a fait autant qu'elle pour combattre l'ignorance et répandre l'instruction dans toutes les classes. On lui a tant dit qu'il faut séparer l'école de l'Eglise ! Il verra bien que l'école a besoin de s'appuyer à l'Eglise, sous peine de devenir un danger pour la foi, pour les habitudes de respect et la moralité de l'enfance. On lui a tant parlé, à ce peuple, de démocratie, de liberté, d'égalité, de fraternité ! Il verra que la démocratie sans la religion ne peut qu'osciller entre l'anarchie et la dictature, et que l'Eglise seule est une école de liberté dans l'obéissance, d'égalité dans la hiérarchie, de fraternité dans le dévouement et la résignation. Enfin, on lui a tant parlé, à ce peuple, de sauveurs ; et chaque ambitieux qui passe sur la scène ne manque pas de revendiquer ce titre à son profit. Il verra bien que les ambitieux ne sont pas de la race de ceux qui doivent sauver Israël, et que ces humbles Frères des Ecoles chrétiennes, à meilleur titre que le mécréant et le libre-penseur, à meilleur titre même que le savant ou l'artiste, ou le guerrier ou l'écrivain, méritent le nom de sauveurs, et portent dans leurs mains fraternelles la puissance de toute moralisation populaire et de tout relèvement national.

Alors, par les fruits amers de l'éducation sans Dieu et sans Christ, le peuple, j'en garde l'espoir, comprendra le prix de l'éducation chrétienne ; et il dira de sa grande voix à cette religion un moment proscrite : « Reviens, reviens, ô céleste Sulamite, afin que nous te voyions à l'œuvre » : *Revertere, revertere, Sulamitis, ut intueamur te*(1). O céleste Sulamite, fille du ciel ! reviens dans les prétoires de la justice ; reviens dans les armées ; reviens dans les hôpitaux ; reviens avant tout dans les écoles avec ta croix, tes enseignements, tes pratiques ; et que le dévouement incomparable du Religieux, du « cher Frère », continue de dispenser à mes fils le pain de l'instruction et de l'éducation chrétienne : *ut det illis cibum in tempore.*

Puisse l'intercession du nouveau Bienheureux hâter cette heure de justice, et faire triompher la cause qui lui fut chère entre toutes, la liberté de l'éducation chrétienne.

En attendant, son œuvre est debout, parmi les ruines accumulées de la France de Louis XIV. Et tandis que dans le ciel il brille comme un astre pendant les éternités tout entières (2), sur la terre huit à dix mille de ses disciples, trois à quatre cent mille enfants, tous les rangs confondus de la société chrétienne, acclament son nom et bénissent sa mémoire, comme le nom et la mémoire d'un grand et fidèle serviteur de Dieu, d'un grand et prudent serviteur du peuple : *Fidelis servus et prudens quem constituit Dominus super familiam suam, ut det illis cibum in tempore.*

Poursuivez, Chers Frères, votre tâche si noble, si utile

(1) CANT., VI, 12.
(2) DAN., XII, 3.

et parfois si ingrate. Au milieu de vos épreuves et de vos alarmes, Dieu vous ménage cette immense consolation, de voir votre saint Fondateur élevé aux honneurs d'un culte public dans l'Eglise : c'est une consolation, et c'est aussi un rayon d'espérance. De telles faveurs sont, pour une famille religieuse, l'annonce et le gage de bénédictions spirituelles particulièrement précieuses. « Les bénédictions que vous donne votre père surpasseront celles que lui-même a reçues de ses pères » : *Benedictiones patris tu confortatæ sunt benedictionibus patrum ejus* (1). Puisque nous avons comparé votre mission à celle de saint Joseph, puisse votre Institut se dilater et devenir, sous la protection de son Fondateur, « ce fils qui croît et se multiplie », *filius accrescens*, dont parle l'Ecriture ; puisse surtout l'esprit religieux se développer et s'affermir dans chacun de ses membres. Que si parfois le travail vous effraie, que la récompense vous encourage ! En attendant, vous pouvez compter sur les sympathies de l'Eglise, et vous en recevez aujourd'hui un mémorable témoignage.

Et nous tous, mes Frères, quelle que soit notre vocation particulière, rappelons-nous que nous sommes sur la terre pour servir Dieu et nous sanctifier ; que, si le miracle et les faveurs extraordinaires peuvent être le signe de la sainteté, telle qu'elle est glorifiée par l'Eglise, c'est la fidélité héroïque au devoir qui en constitue le fond et l'essence ; et qu'enfin ce n'est pas sans un dessein particulier de sa Providence que Dieu place devant nos yeux ces modèles illustres et nous suscite ces puissants patronages. Elevons donc nos regards vers les montagnes saintes

(1) GEN., XLIX, 26.

d'où nous vient le secours, et disons au nouveau Bienheureux : « Bienheureux Jean-Baptiste de la Salle, priez pour nous ! Priez pour nos familles religieuses menacées par l'orage ! Priez pour nous, peuple de France, à qui l'on voudrait faire apostasier sa mission et répudier l'honneur et les grâces du baptême ! Priez pour nous, catholiques, souvent découragés, et qui avons trop abdiqué, dans une vie molle, égoïste et sensuelle, les saintes énergies et la virilité du caractère chrétien ! Priez pour nous tous ! Obtenez-nous la grâce d'une fidélité plus généreuse, qui ne se démente ni dans la lutte, ni dans l'épreuve ; faites que, selon notre vocation et la mesure de grâce qui nous est départie, nous apportions notre part de coopération au relèvement chrétien de ce peuple, — votre peuple, — par notre dévouement à la cause des humbles et des petits. Et qu'enfin nous ayons comme vous, au terme de notre course terrestre, la consolation d'entendre de la bouche divine qui distribue les encouragements et les reproches avec une infaillible équité : « C'est bien, bon et fidèle serviteur ! Parce que vous avez été fidèle en de petites choses, je vous établirai sur de plus grandes ; entrez maintenant dans la joie de votre Dieu. »

POITIERS. — TYPOGRAPHIE OUDIN.

www.ingramcontent.com/pod-product-compliance
Ingram Content Group UK Ltd.
Pitfield, Milton Keynes, MK11 3LW, UK
UKHW022146260726
13993UKWH00005B/2195

9 782329 417585